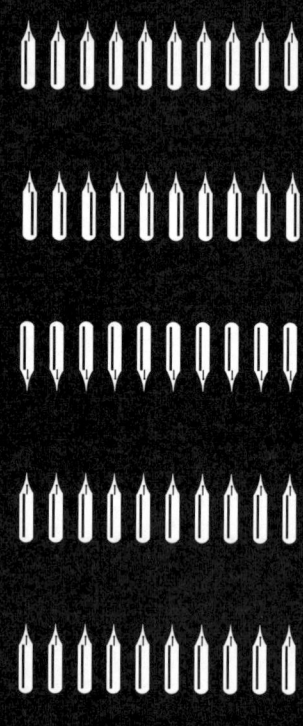

Autoaforismos de un estúpido

José Antonio Moreno Jurado

AUTOAFORISMOS
DE UN ESTÚPIDO

Padilla Libros Editores y Libreros
Sevilla, 2024

© *Del texto*: José Antonio Moreno Jurado
© Padilla Libros, 2024

Maquetación: María Padilla Berdejo

D. LEGAL SE 1490-2024
ISBN 978-84-8434-800-9

Padilla Libros Editores & Libreros
C/ Trajano, 18
41002 Sevilla (España)
editorial@padillalibros.com

Aunque repartí mis años entre mi propia poesía y el estudio y la traducción de la poesía griega de todas las épocas, no puedo evitar, por carácter seguramente, dejar constancia por escrito de mi opinión sobre la existencia, sobre la ética y sobre la estupidez de todo lo que vive.

Ya lo hice ampliamente en mi *Ética a un burro* (Padilla Libros, 2020) y en mis *Cartas a Stelios* (Ed. Mixtura, 2022). Y, si mis ideas cayeron en saco roto o en el desdén de las nubes, no me importa en absoluto. Así ocurre cuando escribes en soledad y lejos de amigos, de grupos, de universidades y de instituciones en general. Te conviertes en una isla rodeada por mares de displicencia y de abandono.

Aunque dije en ocasiones que toda la Filosofía, escrita o de transmisión oral, nunca se ocupó sistemáticamente de la estupidez de vivir, sino que aceptaba la vida casi sin oposición y sólo atendía a la ética, a la moral, a la ontología y a la metafísica, principalmente, me faltaba quizás enfrentarme a mis propias ideas desde la ironía y el distanciamiento.

Como quien está sin estar apenas. Testimonio y penumbra solamente. O un simple testamento ofrecido a quienes tengan oídos para oír y razón para razonar.

Y preferiría no tener esa razón en lo que escribo y que, por ello, me llamasen enloquecido y petulante visionario. Sin embargo, los amaneceres y los atardeceres me dan la razón cada día. Y especialmente las ausencias.

Sevilla, diciembre de 2023

¡PUTO ESPERMATOZOIDE!

♫

Aunque lo sabes, ¿por qué te repugna en demasía pensar en el montón de huesos que serás al cabo de los años?

♫

Nunca tuve el síndrome de Stendhal y de su hermana. En cambio, todo el universo posee el síndrome de la estupidez.

♫

Y me llamo a mí mismo estúpido porque me obligaron a estar inmerso en la estupidez de la existencia.

♫

Porque todo nace para la muerte.
Todo nace para la transformación.

♬

Por eso, aquel amigo, mi burro, se ajustaba bien las anteojeras para que le fuera imposible ver lo que sucedía a su alrededor.

♬

Y, tú, ponte las gafas al revés y no verás el mundo, sólo te verás a ti mismo.

♬

No morirás bien aunque bebas de golpe todas la estrellas, como aseguraba Facundo Cabral.

♬

La religiones son a la razón como el león al cervatillo.

♬

Cuando consigas comprender el todo, mira a otra parte para que no se te congele el corazón.

♬

Me cazaron. Caí en la trampa de la naturaleza para someterme a la transformación.

♫

Una de las mayores estupideces del hombre es la guerra, pero la estupidez del Ser es la existencia.

♫

No hay engaño mayor que el amor de una madre. Engendra para la muerte, pero no se lo cree y canta nanas.

♫

Cuando se consuma el mundo, ¿nos iremos al limbo de los cristianos o al harén de los musulmanes?

♫

Si se te acerca un poeta o un novelista, corre y ponte a salvo: te aplastará la vanidad.

♫

Siempre pagarás coherencia e independencia con olvido.
A nadie interesan en nuestros días.

♫

La mediocridad de la televisión y de la
prensa adornan los cuernos de Europa,
montada por Zeus.

♫

La paradoja de la comunicación, hoy, con-
siste en comunicarte con quienes no cono-
ces y no comunicarte con los que te rodean.

♫

Y tú que bailas locamente, ruido a ruido,
te pudrirás también.

♫

Si tan sabio eres, ¿a qué lado te inclinas?
¿Tienes hijos para la vida o para la muerte?

♫

Que el tiempo presente no te nuble
lo que serás dentro de cien años.

♫

Y ¿qué hacer entonces con los sentimientos? ¿Digerirlos con satisfacción y expul-
sarlos después al inodoro como alimentos?

♫

La piedad religiosa es la cara oculta de la ignorancia. En cambio, la cara visible se sonríe porque no comprende.

♫

Mata a un toro y, después, cómete crudas las entrañas que cayeron al suelo.

♫

Sacaba a hombros a su Virgen y, a continuación, esclavizaba a los inmigrantes con trabajo barato.

♫

Otros sacan a sus santos a las calles para intentar llenar su vacío interior.

♫

Y de mantitos, coronitas, varales ni hablamos.

♫

Me decía el obispo Infantes Florido: «¡Qué indignas parecen ahora esas dalmáticas que fueron en principio

adornos santos para repartir el pan
entre los pobres!».

♫

Cumplió los noventa y se sentía estúpido
por haber esperado a la muerte durante
tantos años. Estaba equivocado y llegó
de repente cuando no la esperaba.

♫

El niño preguntó en clase:
«Si la muerte iguala a todos los hombres,
¿la muerte es comunista?»

♫

Todo lo que está sometido a la transformación es estúpido, vano, inútil. La vida misma está sometida a la transformación y por
ello también es estúpida, vana, inútil.

¡P<small>UTO ESPERMATOZOIDE</small>!

♬

Si no estás de psiquiatra, no puedes tener
un juicio crítico negativo sobre ti mismo.

♬

Acércate a la mentira de la vida pública
y escupe.

♬

Si matas a un toro, te llaman torero.
Si matas a un pueblo, genocida.
¿Hay alguna diferencia?

♬

En literatura y política casi todo es falso
o, si me apuras, de segunda mano.

♫

La crueldad del hombre es la misma crueldad de la naturaleza. A veces, incluso mayor.

♫

¿Cómo volverían a casa con la lengua y las manos cortadas los ejércitos vencidos en Bizancio?

♫

No me felicites por mi cumpleaños. ¿Te alegras de que me quede un año menos de vida?

♫

Siempre lloramos al nacer porque protestamos por nacer para la muerte.

♫

En un mundo que muere de hambre, ¿son inmorales los anuncios publicitarios que te incitan a comprar?

♫

«Cada época tiene su Santa Inquisición», decía Elytis.

♬

Hitler se lavaba la cabeza con champú
de cadáveres.

♬

La debilidad de los que sacan a sus
Santos a la calle se redobla con la lluvia.

♬

Abro la boca y bostezo con
Taillard de Chardin. Dice:
«La muerte es el punto omega».

♬

Y el colmo ya:
«Con Cristo Jesús ya no hay muerte»

♬

Digo yo que a la mayoría le resulta
divertido tener hijos para la muerte.

♬

Yo, en cuanto individuo, fui por azar.

¡PUTO ESPERMATOZOIDE!

♫

Puto espermatozoide que consiguió en su ignorancia condenarme a muerte.

♫

En nombre de Dios, ¿cuántos crímenes ha cometido el hombre contra sí mismo?

♫

Y Dios durmiendo siempre en su lecho de nubes negras.

♫

La vida no es un sueño, como quería el poeta, sino una verdadera estupidez.

♫

Por más que bailes, por más que te diviertas, por más series que veas, siempre serás nada.

♬

Porque no hay mayor estupidez que estar sometido, contra tu voluntad,
a la transformación.

♬

Y, para ocultar semejante estupidez, los hombres inventaron la trascendencia.

♬

Y no conozco fanatismo, ni religioso ni ideológico, que se rebele contra
esta estupidez.

♬

Hay momentos en que la fealdad se tropieza contigo en la calle e intentas evitarla.
No puedes.

♬

Siempre corrió el riesgo de no verse en el espejo porque dudaba de sí mismo.

♬

Ven, amor mío, tiéndete conmigo en la arena. Nuestro amor será tan intenso
como estúpido e inútil.

♫

Si fueras de hielo, si fueses roca, si fueras
otro Extranjero, en nada te importaría si
la existencia es estúpida o no. Es decir,
la vida te sería indiferente.

♫

Porque serías indiferente, como digo,
a la estupidez y a la lucidez.

♫

Entre santos, toros y ferias, mi ciudad
se quedó sin inteligencia y sin razón,
deshumanizada.

♫

Llueve tanta tristeza, tan hondamente,
que gotean sin consuelo las blanquísimas
bolitas de la camarina.

♫

Era tan culto, verdaderamente tan culto,
que le pusieron en su ataúd un ramo de
letras incomprensibles.

♪

Nunca leía libros de sus contemporáneos. Se sentía tocado por la divinidad.

♪

Un día, tomando café y ante un libro de Kafka, me lanzó a la cara: «Tu problema es que no aceptas la naturaleza, no sabes aceptarla». Defendiéndome dije: «Nadie me pidió si quería aceptarla o no».

♪

El amor me creó a su imagen
y semejanza, pero sin alas.

♪

O me creó Hades a su imagen y semejanza y por eso he vivido siempre en oscuridad.

♪

En estos días, desgraciadamente, nace un niño en Belén y mueren miles de niños en Gaza. ¿Comprendes la ironía?

♬

Me dijo una vez y lo recuerdo: «Déjate llevar por la corriente de los sueños porque un día se te partirán en pedazos»

♬

Cuando lloras se te nubla la razón y sólo devoras sentimientos. En cambio cuando ríes, te devoras a ti mismo en la mentira.

♬

«Clamé al cielo y no me oyó», dijo un poeta somnoliento, o romántico que viene a ser lo mismo, sin entender muy bien que el cielo, por más que grites, gimas y patalees, nunca escucha.

♬

De jóvenes, hicimos homenajes a la Generación del 27 en muchos pueblos de Andalucía. Hoy, en cambio, los que hacen homenajes parece que se homenajean a ellos mismos.

♫

Y casi todo en literatura es mentira.

♫

Porque desapareció el juicio crítico de todos y, más aún, el juicio autocrítico del que escribe.

♫

Literatura hoy significa amistades: «Yo te doy para que me des», decían los antiguos. *Do ut des.*

♫

Y todo eso deja en pañales los principios que Cicerón señalaba en su *De amicitia.*

♫

La estupidez del hombre, comportamientos, religiones, ideologías, nada tiene que ver con lo que llamo estupidez.

♫

Estupidez es la constante transformación del ser, estrellas, árbol, hombre, animales y plantas.

♫

Una transformación que te impusieron
sin tener ocasión ni voluntad para
oponerte o negarte.

♫

Las pasiones del dinero y el poder arrojaron el Humanismo al fondo del barranco.

♫

A ellas se añade hoy la pasión de la Fama
que intenta alzar el instante a la categoría
de bien absoluto.

♫

A veces pienso que la Eternidad es aquel
cubo lleno de estrellas en el que
bebía Platero.

♫

Cuando el agua del cubo se acababa,
se acababa también la Eternidad.

♫

Porque a los diez años contemplé el cadá-
ver de Juan Ramón con su barba blanca y

comprendí. Zenobia, a su lado, no tuvo importancia para el niño.

♫

Antonio era tan presumido que compraba y acaparaba cremas antiarrugas para ponérselas en la cara después de su muerte.

♫

Una de las tonterías platónicas, entre otras, es considerar al Sol como donante o repartidor de justicia universal.

♫

Porque resulta, a todas luces,
una concepción de la naturaleza
más poética que real.

♫

Y más risible.

♫

Y no imaginas cuánto daño hicieron
las Ideas platónicas al hombre.

♫

Especialmente la idea del Bien y del Uno.

♫

Pero el presente es el verdadero engañador de los sentidos porque nos hace creer en la duración

♫

Intenta no hablar del hombre como género humano. Te perderás en el camino.

♫

Habla solamente del individuo que sufre.

♫

Se dejaba llevar por las olas de la costumbre para que no lo llamaran ciego inútil.

♫

Y al seguir las costumbres dejó de ser él mismo. Era en los otros.

♫

El cielo es indiferente al amanecer y al atardecer. Sólo se emocionan tus ojos.

♪

Y, sin embargo, el hombre, a veces, se cansa de vivir.

♪

Quien jura alguna vez amor eterno escandaliza al tiempo que lo acompaña.

♪

Cuando tu tiempo esté a punto de no ser, el niño que fuiste te destrozará.

♪

La mayoría se sumerge a diario placenteramente en las aguas de la mediocridad.

♪

Al amanecer, oigo desde mi ventana disparos de cazadores. Y el alba no protesta.

♪

Yo, sí. Matar por diversión es la parte más abyecta y vergonzante del hombre.

♪

Los que escriben sobre el gozo de la vida, el comportamiento amable, la alegría,

son como las bolas de algodón que
compramos en las ferias y se deshacen
en la boca.

♫

Un cuerpo perfecto, un arreglo de labios
o senos, un alisamiento de párpados o
piel, engañan al instante pero nunca
al tiempo.

♫

Porque la pandemia de la estupidez humana está provocada por el virus
de la mediocridad.

♫

Y, aunque no lo creas, muchas personas
se cansaron de vivir, como ya dije, por el
debilitamiento de los sentidos y
del amanecer.

♫

Cuando veo en televisión
enterramientos en fosas comunes,

nunca sé si son personas o cosas.
Sólo son plásticos azules o negros.

♫

Dadme un punto de estupidez y moveré
el mundo.

♫

Siempre me asqueó el sentido de impureza que concedió Thomas Mann a la vejez.
Y me asquea todavía.

♫

Más sencillamente, la vejez es el colmo
de la estupidez de la transformación,
pero no por la ausencia de belleza.

♫

Por eso es ridículo que Thomas Mann
siguiera la idea absoluta de
lo Bello en Platón.

♫

Se compró una moto de gran cilindrada
y la pagó limpiando durante media vida
culos de ancianos.

♪

¿Cuánto debe el feminismo a Aristófanes?
Hoy ni se nombra.

♪

Quiso hacer una felación a las estrellas,
se tropezó con las rocas y cayó al abismo.

♪

En su pueblo lo llamaban poeta ñoño.

♪

El instante continuo te da lo que te quita.
Y tú siempre estás empeñado en no saberlo.

♪

Ser o no ser no es el dilema. El dilema es
por qué ser para no ser.

♪

Trágate el Universo entero y vomítalo
después en un nido de cigüeñas.

♪

Decíamos de niños:
«Escribe amor al revés».

¡PUTO ESPERMATOZOIDE!

♫

Y, contra la razón, algunos se juraron amor
eterno. Y se extraviaron porque amor y
eterno son conceptos incompatibles.

♫

Metió a su perro en una maleta y lo llevó
al Jordán para bautizarlo. Pero se le olvidó abrir la maleta y su perro se ahogó.
Por lo menos, murió bautizado.

♫

A muchos les ocurre lo mismo:
se bautizan y se ahogan en el intento.

♫

Dos poetas del 27 me escribían dicién-
dome: «Usted sabe nadar y guardar la

ropa». Es decir, nada decían a pesar de pertenecer al 27.

♫

El verdadero problema filosófico no es ser contingente o necesario, sino por qué existe lo contingente.

♫

Sólo tuvo hijos por venganza. Quiso que otros sufrieran como él por haber nacido para la muerte.

♫

Cuando alguien estudie las letras de las sevillanas encontrará machismo, vulgaridad, tópicos y sentimentalismos trasnochados.

♫

Se fue a la guerra, lanzó bombas y ataques de drones, pero, al poco tiempo, se olvidó de qué parte estaba y quién era el enemigo.

♫

Me pregunto con frecuencia si la obra de
arte puede dulcificar la estupidez
de existir.

♫

Si no rezas, verás un día el profundo
vacío de la Verdad.

♫

Pidió que le pusieran la peluca tras su
muerte para estar guapo en el Hades.

♫

Si te atreves, vete a la puerta del Ayunta-
miento y manifiéstate contra la transformación del Todo.

♫

Nadie te entenderá.

♫

Llegará el momento en que la Historia se
cuente por el desarrollo de la estupidez,
pero no por los hechos.

♫

Y ¿qué prefieres? ¿Que quede para la posteridad tu yo o tu obra?

♫

Dios se quedó tan placenteramente dormido entre nubes negras que no lo despertó ni la muerte de los niños de Gaza.

♫

Me liberé, por fin, del vicio de leer diariamente la prensa: me cansé de ver todos los días fotografías de famositos.

♫

La vejez no es solamente la degradación del cuerpo, sino también la dolorosa degradación del yo.

♫

Estos aforismos no constituyen una novela, un cuento o un libro de poemas. Son únicamente una forma estúpida de rebelión.

♫

Ponte la bufanda de la Luna
y escribe un poema.

♫

Si escuchas la palabra fe, intenta no
razonar. Siempre está acompañada por
la intransigencia.

♫

Porque la fe cree seguramente que está
en posesión de la Verdad.

♫

Y la Verdad, como todo ser vivo, se trans-
forma y se pudre.

♫

La Naturaleza, incluso con crueldad, es
indiferente al sufrimiento.

♫

Cuando estalle el Sol,
¿quedará en pie el Partenón?

♫

Quiero decir exactamente que incluso
las obras de arte están sometidas
a la transformación.

♫

Cuando Heidegger, con su edificio de
palabrería, afirma que el dasein (el ser
ahí) sólo es para la muerte, entró en tran-
ce. Ya lo sabían hasta los egipcios.

♫

Toro y torero se miraron a los ojos, se
enamoraron y se fueron a las montañas
para huir de la barbarie.

♫

Y el cazador, mirando con ternura a la
presa, se disparó en su propio pie para
sentir el dolor del disparo en sí mismo.

♫

Dijo el filósofo que venimos de la nada y
que seremos arrojados a la nada, pero su
fe no le permitió decir que todo el proceso
es una verdadera estupidez.

♫

Quiero decir el hecho de ir
de nada en nada.

♫

Porque si vamos de la nada a la nada
¿el intermedio será nada también?

¡PUTO ESPERMATOZOIDE!

♬

Llevaba el dinero a cuestas y el dinero
lo jorobó.

♬

No hay nada más desagradable que un
ateo atrapado de pronto por la fe.

♬

No sé por qué no puedo imaginar el amanecer del día siguiente al de mi muerte.

♬

Pero ten cuidado, porque, si un día llegas
a comprender la estupidez de la transformación, dejará de interesarte el mundo
que te rodea.

♫

Tanto nadé, en mi juventud, por las fecundas aguas del Existencialismo que incluso ahora, a mis 77 años, no puedo secarme por completo las gotas de la angustia.

♫

Por eso suenan a vacío las horas del día.

♫

Creí apasionadamente en ti, Diotima, por la fogosidad de los años. Hoy, en cambio, tus palabras son sólo el murmullo de las hojas que caen al suelo en otoño.

♫

Porque tus palabras eran más pura poesía que realidad.

♫

Seguí a Platón mucho años cuando decía que el alma que quiere conocerse a sí misma ha de mirarse en otra.

♫

Después comprendí que no había alma
y que al menos el alma era yo mismo.

♫

Y vi así en el alma de los otros sólo
la muerte.

♫

Es decir, me esforzaba en realizar
el estudio de la muerte que el filósofo
nos proponía.

♫

Ahora comprendo que la Filosofía es un
entretenimiento sin sentido que
nada resuelve.

♫

Como nada resuelve la
Consolatio ad Marciam de Séneca.

♫

Porque el hombre se inventa siempre un
Más Allá para defenderse de la estupidez
de vivir.

♪

¿Sería coherente que los Estados prohibiesen tener hijos para la muerte?

♪

No me refiero a una ordenación de la demografía por razones económicas o de poder.

♪

Los placeres, la diversión, las series, la buena mesa, las fiestas y los bailes de ritmos esquizofrénicos no constituyen el *Carpe diem*, sino una forma estéril de inconsciencia.

♪

Tuve que limpiarle con dolorosa ternura unas lágrimas que caían de sus ojos.

♪

Al llegar a la última vejez creyó que era él, pero en realidad era otro.

♫

Buscó su alma, su yo, en cajones, armarios y trasteros. No la encontró. La había perdido para siempre cuando cometió el genocidio de Gaza.

♫

Ahora comprendo bien aquello de que la única forma de vida es vivir en la angustia.

♫

Cuando Edgar Morin decía que «el hombre ha olvidado demasiado a la muerte», debería haber dicho el individuo y no el hombre.

♫

Porque las guerras y la muerte están presentes en casi todos los continentes y el hombre lo sabe.

♫

Nunca frecuenté a escritores narcisistas y me quedé solo.

♫

Atrévete a decir al plácido creyente que el alma es el yo y que, cuando el yo termina, termina también el alma.

♫

Estudió, leyó, escribió literatura apasionadamente pensando que lo salvaría de su putrefacción, pero la literatura sonreía.

♫

Entre el nacimiento y la muerte de aquel poeta, el tiempo se tapó las orejas para no sentir el frío.

♫

Mientras vivió iba tirando nubes al corazón de los otros y nadie comprendía.

♫

Ni siquiera Heráclito, con su todo fluye, nada permanece, supo entender la estupidez de ese incesante fluir.

♫

Tal vez la vida sea solamente tostar el pan sobre las trébedes antes de salir el Sol.

♬

Subió a tender la ropa y se tendió a sí mismo a los cuatro vientos para que se secara su estupidez.

♬

Poesía hoy: escribe un párrafo en prosa, córtalo por donde te parezca y divídelo en versos.

¡PUTO ESPERMATOZOIDE!

♫

¿Qué importan el ritmo, la sintaxis, la metáfora y la imagen? Piensan que es algo del pasado y nada saben.

♫

¿Será, como dicen algunos mal pensantes, la democratización de la poesía?

♫

Yo, no. Son términos heterogéneos.

♫

En cambio, estoy convencido de la vulgarización de la poesía.

♫

Es duro imaginar que el individuo que construiste en el tiempo ha de deshacerse de pronto fuera ya del tiempo.

♪

Procura que los sentimientos no te jueguen una mala pasada en la comprensión de la estupidez.

♪

Alguien aseguraba un día que era ateo por la gracia de Dios.

♪

Y, cuando fuimos a visitar al cura-poeta-editor, Rafael Montesinos nos decía a los jóvenes: «Este cura vive como Dios».

♪

Se sentía orgulloso de su valentía cuando mataba toros como espectáculo. En la soledad, en cambio, se asustaba de ratas y ratones.

♪

Si todo nace para la muerte,
¿a qué llamamos estupidez?

♫

Piensa un momento qué impide
al pensamiento humano
rebelarse contra la vida.

¡PUTO ESPERMATOZOIDE!

♫

Con frecuencia acudía a los entierros y
decía para sí: «Siempre se mueren
los otros».

♫

Cuando hice antologías de poetas grie-
gos me impresionaba especialmente es-
cribir entre paréntesis las fechas del nacimiento y de la muerte de cada poeta.
Uno detrás de otro. Es decir, nada.
Un instante solamente.

♫

Muchos creen por tradición como decía
Pessoa, pero nunca razonan, como digo yo.

♪

Si intentas conocerte a ti mismo, como querían en Delfos, ¿a dónde llegarás?

♪

Si fuera filósofo, y no lo soy, me gustaría definir al hombre como Ser Trágico.

♪

En la juventud pesa más el deseo de la vida que la certeza de la muerte. En la vejez, la vida se ve desde la distancia y la muerte desde la proximidad.

♪

Mi madre me acunaba entre aforismos estúpidos y greguerías tormentosas.

♪

Alucinan quienes piensan que la poesía existe fuera del poema.

♪

Vi en sueños mi ciudad bombardeada por mediocridades y religiones.
Y se multiplicaban los muertos cada día.

♫

Cuando apuntas a la presa,
desaparece cuanto tenías de humano.

♫

Acaparó poder, riquezas, voluntades y
hoy es una momia en alguna excavación.

♫

Y recuerdo al rey de Asina en Seferis
y en Homero.

♫

Tantos años hemos luchado por un
fantasma, por un espectro, por una
túnica vacía.

♫

Y sin Helena.

♫

La enfermedad te espía por doquier
y en un instante aparecerá sin saber
por dónde.

♫

Cumplía años y apagaba velas hasta que una vez no pudo apagar una vela de hielo.

♫

La Belleza no es esencia, sino cualidad. Se da en los objetos y no es independiente de ellos.

♫

Por eso, la idea de Belleza es tan falsa como la idea del Uno.

♫

Subí a la peña y grité al Sol. Ni siquiera él quiso escuchar mi canto de rebeldía.

♫

¿El Dios de la Biblia apoya a Israel? ¿El Dios del Corán apoya a Palestina? ¿Qué quieres? En definitiva son uno y el mismo.

¡PUTO ESPERMATOZOIDE!

♫

La pusieron una mascarilla de oro para
el sueño. Con los siglos descubrieron que
era Agamenón, pero no dijeron nada de
su porquero.

♫

Puse un pie en la tierra y otro en el cielo.
Quedé destrozado para siempre.
Realidad y deseo, como quería Cernuda.

♫

La vida, hermosa y sagaz aunque puta y
vieja, te hechiza para que sólo veas presente.

♫

Sin esperar a Godot, el absurdo está sen-
tado tranquilamente en el tiempo. Pero
llegará.

♪

El verdadero enredo de la existencia está en los sentimientos. Si no existiesen, no existiría tampoco el dolor de la separación.

♪

Casi vomito al escuchar hablar de dignidad humana, casi a diario, a filósofos, moralistas, ideólogos y creyentes.

♪

¿Se atreverán a hablar de dignidad cuando terceros les quiten los pañales y les laven el culo?

♪

¿Quién aconsejará hoy moderación, sobriedad y consumo responsable?

♪

Porque el profundo sentido del Humanismo parece oponerse en nuestros tiempos a la Economía y al reino del Dinero.

♪

Por eso, las grandes empresas
no aconsejan hoy la lectura de Séneca.

♫

Ni de muchos otros que practicaron una
sobriedad moral o selectiva.

♫

Pero repito una vez más que la estupidez
humana nada tiene que ver con la
estupidez de la existencia.

♫

Todos sabían en el pueblo de su virilidad
y de sus innumerables incursiones amo-
rosas. Ahora, en cambio, lleva puesta
una sonda.

♫

Vivió más de cien años y su cabeza estaba inundada de amigos muertos.

♫

Para calmar su sed, degolló una paloma y
se bebió su sangre. Millones de hombres
imitaron su gesto y desaparecieron
las palomas.

♫

Quizás la felicidad no sea un estado de ánimo instantáneo o duradero. Tal vez consista sencillamente en no pensar.

♫

¿Por qué no son felices los ríos
y la montañas?

♫

¿Por no tener sentimientos o por no pensar?

♫

Se fue un día a las estrellas con una espátula y pintó una naturaleza muerta.

♫

Aquel pobre hombre se hizo una corona de laurel, se fue a la soledad de su habitación y, ante el espejo, se coronó a la manera de Petrarca.

♫

Se subió después a las montañas y observó los cuatro puntos del horizonte. De pronto se transformaron en uno solo llamado muerte.

♫

Otro, en cambio, usaba peluca pero decidió hacerse un injerto de cabello en Turquía. A los cien años, su calavera brillaba en una fosa común.

♫

Puso alrededor de su cama biombos con pinturas chinas para que la muerte no lo descubriera, pero se olvidó de quitar de la pared su fotografía.

♫

La vida retirada, la vida bucólica, el placer de lo natural es otra de las grandes mentiras de la poesía.

♫

Un día volvió a mirarse en el espejo de las aguas y descubrió la degradación de su rostro. Y, al instante, dejó de ser Narciso.

♫

La naturaleza es cruel cuando obliga a los seres vivos a comerse los unos a los otros.

♪

Y cuando obliga a las madres a tener hijos para la muerte

♪

Y más cruel aún si mueres con dolor.

♪

Pero algunos soportan y ofrecen este dolor a la divinidad en remisión de sus pecados. ¿Es puro masoquismo?

♪

En mi ciudad cierran librerías diariamente, pero no te asustes porque aquí con santos en las calles, ferias y conciertos de famositos tenemos suficiente.

♪

Encontró sobre la mesa de su padre las tragedias de Eurípides y se dijo a sí misma: «¿Sería un influencer de otra época como yo ahora?». Ni lo toco.

♪

Eurípides sonrió apenado y guardó silencio. Después, paseando tranquilamente

por los montes, fue devorado por
los perros de la estupidez.

♫

Si la única posesión verdadera del hombre es el instante, no la fortuna ni el poder ni la fama, no induzco a nadie al suicidio, sino a la rebelión de todos los seres contra la existencia.

♫

Llegará el día en que los científicos demuestren que la guerra no es privativa del hombre. Es propia de toda la naturaleza pero con diferentes armas. Por eso decía el poeta: «*Cada uno con sus armas*».

♫

En los tanatorios se oye decir con frecuencia: «¡Ya descansó el pobre!». Si te fijas bien, sólo descansan los vivos, porque los muertos ni se cansan ni descansan.

♫

Quiso hacer fortuna talando árboles en el Amazonas pero, involuntariamente, la sierra desmembró sus manos y sus pies. Regresó a casa cabizbajo.

♫

En junio contaba con mi madre las estrellas fugaces en el cielo. Aquella perfección es ahora un sueño.

♫

Porque la perfección es siempre un sueño que desea más sueños.

♫

La religión del fútbol también produce intransigentes. Exceptuemos entonces al Jainismo.

♫

En mi juventud amé a Platón cuanto pude. Hoy aquello de que el cuerpo es la cárcel del alma y la muerte, su liberación, me parece un cuento de hadas para ingenuos.

♫

Aunque partió de él todo el pensamiento occidental, laico o religioso. Seamos claros, el alma, aunque no queramos, resulta sólo el yo.

♫

Por eso me atrevo a afirmar que la Filosofía se parece al tonto del pueblo que va de casa en casa pregonando noticias y no se queda a vivir en parte alguna.

♫

En mi tierra se dice «que me quiten lo bailao» cuando se quiere incidir en que te divertiste y gozaste hasta la extenuación antes de tu muerte. Pero la diversión pasada es humo inútil que se agota en el vacío de la nada.

♫

Se fue al Más Allá y no pudo alquilar una vivienda segura. Todas las excavaciones estaban ocupadas y se pudrió al aire libre.

♫

¡Benditos sean los locos de la intuición que en el mundo han sido, porque ellos alcanzaron la lucidez definitiva!

♪

Fue lamiendo la cara de la Luna hasta dejarla en cuarto menguante y se asustó al verla.

♪

Otra manera de no decir nada es aquel principio de los epicúreos cuando aseguraban: «Cuando existimos, la muerte no está aún presente y, cuando la muerte está presente, no existimos».

♪

Y miles de glosas se escribieron sobre esa estupidez.

♪

Le decía con inmensa ternura a cada instante: ¿Cómo podré quererte tras mi muerte?

♪

Construyó una escalera inmensa para enjaular a una nube esperando que cantara en su habitación. Siempre fue un soñador equivocado.

♫

Al sentirse enfermo, congregó a sus discípulos y allegados y les dijo: «No quiero que lloréis por mí. Llorad por vuestra propia muerte que lleváis sobre los hombros desde vuestro nacimiento».

♫

Otros, en un caso parecido, sacrificaron un gallo a Esculapio.

♫

Impotente para detener la degradación de su cuerpo, escribió un poema festivo sobre el gozo y la alegría de la existencia.

♫

Y cuantos no consiguieron tampoco detener su degradación aplaudían y aplaudían como locos desesperados.

♫

El catedrático pronunciaba aquel día una lección magistral sobre los ojos de lujuria y vino de los caballistas de El Rocío y de las romerías populares. Yo, como sólo intuía y no comprendía, me fui de la clase.

♪

Nunca supo comparar la brevedad de su vida con los 60 millones de años que han transcurrido desde la desaparición de los dinosaurios.

♪

Tiró como un bumerán su propia putrefacción y, al volver hacia él violentamente, le abrió la cabeza.

♪

Las leyendas, a veces, superan en poesía a la realidad y Empédocles no se arrojó al Etna para unirse a la divina Naturaleza.

♪

Si los creyentes cantan a un valle de lágrimas, ¿por qué te ofende que yo cante a un valle de estupidez?

♪

Para dormirlo por las noches, la madre le cantaba: «Ángel de la Guarda, dulce compañía...». Y el niño se volvió memo por los siglos de los siglos.

♫

Mientras paseaba, los pinos de Mazagón me susurraban mil veces al oído: «Acepta, por favor, la Naturaleza. Acepta, como nosotros, tu degradación y tu putrefacción. No pienses y serás feliz».

♫

Me conformé entonces con ver, oír y callar para que no hubiese tormentas en el cielo y diluviase.

♫

Y la frase que se retuerce y se devora a sí misma: «Dios permite el mal para poner a prueba la voluntad del hombre».

♫

Le llevaron flores a su tumba pero tuvo que aprender otra vez a olerlas.

♫

Mi amiga se puso frente a mí y me dijo: «Yo no moriré del todo, viviré de alguna forma en mis tres hijos. Tú, como no tienes hijos, morirás completamente».

♫

No supe qué decir y pensé para mí: «¿Seguirá viviendo de esa manera cuando pasen veinte generaciones?

♫

Si piensas que Hades y Perséfone te acogerán tras tu muerte, haz la maleta y viaja a ciegas aunque no tengas moneda que llevarte a la boca.

♫

La estupidez no puede olvidarse, se nace con ella.

♫

Al nacer se le puso cara de estúpido y, al cumplir noventa años, cara de estúpido en degradación.

♫

Lanzó el amor al inodoro y tiró de la cadena de la cisterna.

♫

Cuando los moralistas hablan de aborto
y eutanasia hasta los estorninos caen al
suelo muertos de risa.

♫

Porque atienden así a la convivencia so-
cial del presente y olvidan la estupidez de
vivir.

♫

No hay amor más interesado que el amor
de una madre, porque en él sólo fructifi-
ca el interés de la propia Naturaleza.

♫

Se puso el presente en la cabeza, a manera de burka, creyendo que espantaría a la
muerte.

♫

Tras tantos siglos, la rueda que cantaba
el *Erotócritos* cretense ni se detiene ni se
estropea. Gira y gira, unas veces hacia
arriba y, otras, hacia abajo.
Perfecta maquinaria.

♫

Cuando los necios se multiplican, cortan el pene de Napoleón o el prepucio de Cristo, parten en quince mil pedazos el cerebro de Lenin, desmiembran a Teresa de Jesús y admiran el prodigio de la sangre de San Pantaleón.

♫

Ocultó en la alacena antídotos contra mordeduras, venenos y mal de ojo, pero no encontró jamás un antídoto eficaz contra la muerte.

♫

También *Cronos devorando a sus hijos* es una metáfora de la estupidez.

♫

Aquel miedo a perder su propiedad privada por culpa del comunismo se esfumó en su tumba.

♫

Si eres bondadoso por naturaleza e intentas hacer el bien, nadie te entenderá, porque te encuentras lejos del mundo de los intereses.

♫

Por eso me encontré reflejado tantísimo en *La bondad en el sendero de los lobos* de Elytis.

♫

Cuando el hombre se comprenda a sí mismo como totalidad, como estupidez, dejarán de tener sentido las fronteras.

♫

Compara la duración de tu vida con la punta de un alfiler y después hablaremos.

♫

Creyó en el gimnasio que el cuerpo era suyo hasta que descubrió que no tenía poder alguno sobre su corazón, su hígado, su próstata, sus pulmones, sus células cancerígenas.

♫

¿Por qué no soy, en mí, de ningún sitio?

♬

Pises por donde pises, tus pies y tus piernas se mancharán del barro insaciable de la mediocridad.

♬

Terminó la obra de teatro y bajaron el telón. Se hizo la oscuridad total en el féretro.

♬

La poesía te miente: cuando Orfeo canta no lo escuchan los muertos.

♬

Noticia en las redes: al nacer te ataron una piedra al cuello y te arrojaron a la aguas de la putrefacción.

♬

Salvo raras excepciones, hagas lo que hagas por el ser humano, siempre te devolverá monedas de ingratitud y desprecio.

♬

Si a través de todas estas páginas entendiste la estupidez de vivir, comprende ahora que más estúpido resulta aún el dolor y el sufrimiento que padecerás para dejar de ser.

♫

Olvidando la poesía pastoril, por incongruente, la época más estúpida de la literatura universal fue el Romanticismo.

♫

Por dondequiera que viaje me duele la miseria del hombre.

♫

Juégate a los dados tu ser o no ser. Perderás siempre.

♫

Y cuando pierdas tampoco sabrás que perdiste.

♫

Se clavó en el dedo, sin darse cuenta, la espina de una rosa negra y comprendió al instante que la belleza también duele oscuramente.

♫

Yo escribo mi desesperanza. También hubo un poeta cruel que escribió una canción desesperada. Y nadie protestó ni protesta.

¡Puto espermatozoide!

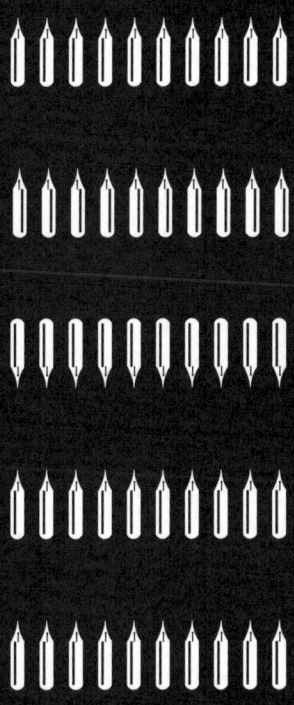

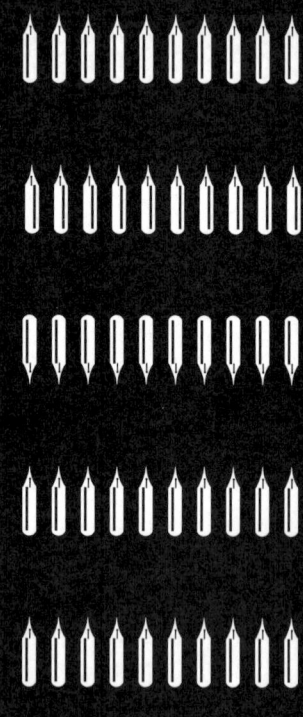